Impressum

Covergestaltung:	Sarah Zeese, unter Verwendung eines Fotos von Jürgen Bubeck
Fotos:	Jürgen Bubeck (www.juergenbubeck.de)
Foodstyling:	Anton Frisch
Layout und Satz:	Sarah Zeese (www.sarah-zeese.com)
Redaktion:	Ming Dittel
Lektorat:	Dr. Susanne Heimburger
Kalligrafien:	Wang Jian (王兼)

Bibliografische Information der Deutschen Nationalbibliothek:
Die Deutsche Nationalbibliothek verzeichnet diese Publikation in der Deutschen Nationalbibliografie; detaillierte bibliografische Daten sind im Internet unter http://dnb.dnb.de abrufbar.
© 2015 Drachenhaus Verlag, Esslingen

Dieses Werk einschließlich aller seiner Teile ist urheberrechtlich geschützt. Jede Verwertung außerhalb der engen Grenzen des Urheberrechtsgesetzes ist ohne Zustimmung des Verlags unzulässig und strafbar. Das gilt insbesondere für Vervielfältigungen, Übersetzungen, Mikroverfilmungen und die Einspeicherung und Verarbeitung in elektronischen Systemen.

Gedruckt in Tschechien auf FSC®-Papier.

ISBN: 978-3-943314-15-1

Besuchen Sie uns auf unserer Homepage und bei Facebook:
www.drachenhaus-verlag.com
www.facebook.com/drachenhaus

Zusammengestellt von Nora Frisch und Ming Dittel
Mit Fotos von Jürgen Bubeck

INHALT

ESSEN IN CHINA

    Yin und Yang – Essen als Medizin 5

    Im Wechsel der Jahreszeiten und der Elemente 6

    Suppen – ideale Energiespender 7

DIE LEHRE DER FÜNF ELEMENTE

    Alles ist im Wandel 9

    Jedem sein Element 10

ERNÄHRUNG NACH DEN FÜNF ELEMENTEN

    Harmonie durch Ernährung 13

    Kochen nach Wetter und Laune 14

    Die wichtigsten Zutaten und ihre Wirkung 14

REZEPTE

    Rezept für Chilipaste 辣椒酱 17

    Basisrezept für Gemüsebrühe 素汤 18

    Holz-Yin: Frühlingsduft 春满园 22

    Holz-Yin: Mittagsmahl der Reisbauern 田间餐 24

    Holz-Yang: Aprilnacht am Westsee 西湖春晚 26

    Holz-Yang: Kühler Wind in jungen Zweigen 春风送暖 28

Feuer-Yin: Sonnenuntergang am Weißen Fluss 夕阳西下	32
Feuer-Yin: Koreadistel trifft Wasserminze 薄荷飘香	34
Feuer-Yang: Mit Freunden im Südpavillon 高朋满座	36
Feuer-Yang: Gedicht vom Smaragdsee 诗满碧湖	38
Erde-Yin: Jadereis ernten 玉米丰收	42
Erde-Yin: Blätterrauschen im Sommerregen 大珠小珠落玉盘	44
Erde-Yang: Blumengemüse und Seidenfäden 丝丝入味	46
Erde-Yang: Spätsommerliche Vollmondnacht 仲夏的满月	48
Metall-Yin: Herbstnachmittag unter dem Walnussbaum 秋日午后的核桃树下	52
Metall-Yin: Letzte Sommerklänge 秋高气爽	54
Metall-Yang: Wilder Ritt durch herbstliche Steppe 蔬菜火锅	56
Metall-Yang: Feuersuppe aus Yunnan 滇南香辣汤	60
Wasser-Yin: Flüssige Jade 翡翠汤	64
Wasser-Yin: Schneegestöber in den Roten Bergen 雪里红	66
Wasser-Yang: Lebensfreude 其乐融融	68
Wasser-Yang: Tautropfen 朝露	70

LEBENSMITTELTABELLE 72

ADRESSEN 76

ESSEN IN CHINA

YIN UND YANG – ESSEN ALS MEDIZIN

Essen spielt in China eine enorm wichtige Rolle. Nicht umsonst begrüßt man sich häufig mit den Worten: „Hast du schon gegessen?" Allerdings stellt das Essen für Chinesen weitaus mehr dar als gesellschaftliches Beisammensein oder reine Nahrungsaufnahme. Die richtige Zusammensetzung der Zutaten hat hohen Stellenwert, da man damit nach chinesischer Auffassung Krankheiten vorbeugen und sogar heilen kann – Essen gilt als Medizin.

Die Grundlage der chinesischen Ernährungslehre bildet dabei die Vorstellung von Yin und Yang. Jedes Lebensmittel wird gemäß seiner Konsistenz und seinem Geschmack als entweder thermisch heiß oder warm (Yang), als neutral oder als kühl oder kalt (Yin) klassifiziert. Während Yin-Elemente von Innen befeuchten und erfrischen, haben Yang-lastige Lebensmittel eine wärmende und austrocknende Wirkung auf den Organismus. Die als neutral eingestuften Lebensmittel stehen zwischen den beiden Polen.

Wie bei allen Dingen des Lebens gilt auch beim Essen: Besteht ein harmonisches Gleichgewicht zwischen den beiden Urkräften, ist der Mensch gesund. Zu viel Yin im Körper verursacht Stauungen, die zu Ödemen führen können, zu viel Yang im Körper macht hingegen aggressiv, Schlafstörungen und Bluthochdruck können die Folge sein. Ist eines der beiden Extreme im Übergewicht, verursacht dies Unwohlsein und macht auf Dauer krank. Es gilt also stets dafür zu sorgen, dass ein Gleichgewicht zwischen Yin und Yang aufrechterhalten bzw. wiederhergestellt wird.

In China wird gerne das Bild von einem inneren Feuer herangezogen, das idealerweise in der Körpermitte gleichmäßig flackert. Man muss darauf achten, dass dieses Feuer weder durch Zufuhr von zu viel Hitze (Yang) hoch auflodert und alles verbrennt, noch sollte es durch zu viel Feuchtigkeit (Yin) vom Erlöschen bedroht werden.

IM WECHSEL DER JAHRESZEITEN UND DER ELEMENTE

Doch nicht nur den körpereigenen Energie- und Temperaturhaushalt gilt es auszutarieren. Mithilfe der richtigen Zutaten kann man auch den – zum Beispiel jahreszeitlich bedingten – äußeren Gegebenheiten entgegenwirken. Auch kann man im Wechsel der Jahreszeiten gezielt einzelne Organe stärken, um gesund zu bleiben.

Alle Dinge und Phänomene auf Erden – und damit auch die (nach chinesischer Einteilung fünf) Jahreszeiten, die menschlichen Organe und schließlich auch jedes Lebensmittel und alle Geschmacksrichtungen – wurden im alten China einem der fünf Elemente Holz, Feuer, Erde, Metall und Wasser zugeordnet (siehe Übersicht S. 11). Bei einer ausgewogenen Ernährung stellen idealerweise Zutaten aller Elemente die Grundlage für ein harmonisches Ganzes dar.

Allerdings empfiehlt es sich, bei der Ernährung die naturbedingten Vorgaben zu berücksichtigen und vor allem jene Lebensmittel zu verwenden, die im Zyklus der Jahreszeiten vor Ort auch tatsächlich wachsen. Generell bekommen uns im Winter Suppen und Eintöpfe mit diversen Kohlsorten und Wurzelgemüse besser als importierte, exotische Früchte. Es ist daher ratsam, in der kalten Jahreszeit, und vor allem dann, wenn man ohnehin leicht an Händen oder Füßen friert, auf Yin-lastige Lebensmittel wie Gurken, Melonen oder Zitrusfrüchte zu verzichten und diese aufgrund ihrer erfrischenden und kühlenden Wirkung lieber im Sommer zu genießen.

Da der Winter dem Element Wasser zugeordnet ist, sollte man in dieser Zeit gezielt die Nieren, die ebenfalls im Element Wasser stehen, in ihrer reinigenden Funktion unterstützen, indem man z.B. vermehrt Hülsenfrüchte in den Speiseplan integriert und viel Tee oder heißes Wasser trinkt.

SUPPEN – IDEALE ENERGIESPENDER

Erst gekochte Nahrung kann nach Auffassung der chinesischen Ernährungslehre den menschlichen Körper in idealer Weise mit Energie versorgen. Außerdem kann der Organismus gekochte Nahrung schneller in lebensnotwendige Körperflüssigkeit verwandeln. Ungekochte Nahrung gilt dagegen tendenziell als belastend und durch den aufwändigen Verdauungsprozess als energieraubend. Suppen in jeglicher Form eignen sich daher bestens als leichte und bekömmliche, aber dennoch kraftspendende Energielieferanten. Die Enzyme, die durch das Kochen verloren gehen, werden dem Körper wieder zugeführt, indem man die Suppen z.B. mit einem Schuss Essig anreichert oder eine kleine Schale sauer vergorenen Rettichs dazu serviert.

In China werden Suppen traditionell nach dem Essen gereicht. Dies tut man aufgrund der Vorstellung, dass damit auch noch die letzten verbliebenen Hohlräume im Magen aufgefüllt werden. Außerdem wird der Flüssigkeitshaushalt geregelt und der Durst nach den salzigen Hauptgerichten gestillt.

Doch auch zum Frühstück nehmen Chinesen gerne leichte Getreidesuppen zu sich – wahlweise mit Fleisch- oder Gemüseeinlage oder süß mit Früchten oder Sojamilch. Sie belasten den Organismus nicht, sättigen aber langanhaltend, da der Körper Getreide nur langsam verdaut. Mittags bekommt man in chinesischen Straßenküchen und kleinen Restaurants Suppen oft als einfaches Hauptgericht in zahlreichen köstlichen Varianten serviert, mit reichlich Gemüse, Nudeln, Fleisch, Fisch oder Meeresfrüchten.

Schließlich sind Suppen auch praktisch und zeitsparend in der Zubereitung: Sie können gut vorgekocht und öfters aufgewärmt werden, so dass man mit einem Mal Kochen gleich mehrere Mahlzeiten zubereitet hat!

Übrigens: Suppen isst man in China mit Stäbchen und Löffel – Die feste Einlage wird mit den Stäbchen herausgefischt, die Flüssigkeit dann mit dem Löffel gegessen oder direkt aus der Schale getrunken.

DIE LEHRE DER FÜNF ELEMENTE

ALLES IST IM WANDEL

Die Lehre der Fünf Elemente hat ihren Ursprung vor etwa 2500 Jahren in der chinesischen Philosophie, konkret: in der daoistischen Deutung der Gesetzmäßigkeiten der Natur. Dieser Ansicht nach werden alle Komponenten des Universums durch die Bewegung und Interaktion der fünf Elemente Holz, Feuer, Erde, Metall und Wasser hervorgebracht bzw. ausgelöscht.

Der daoistischen Weltauffassung zufolge unterliegt alles zwischen Himmel und Erde einem fortwährenden dynamischen Wandlungsprozess. Daher handelt es sich auch bei den oben erwähnten Elementen weniger um deren stoffliche Eigenschaften als vielmehr um ihre Fähigkeiten, sich zu verändern. Das heißt, nicht das Element selbst, sondern der Prozess, der durch die Wechselwirkung mit den anderen Elementen in Gang gesetzt wird, steht im Vordergrund.

Bei einem gesunden Organismus ist die Wechselwirkung der Elemente produktiv und aufbauend:
Holz lässt Feuer brennen, Asche düngt Erde, Erde bringt Metalle hervor, Metall trägt Wasser, Wasser nährt Holz.

Fehlt aber ein Element in dem Kreislauf, zerstört ein Element das andere:
Wasser löscht Feuer, Feuer schmilzt Metall, Metall spaltet Holz, Holz laugt die Erde aus, Erde dämmt Wasser.

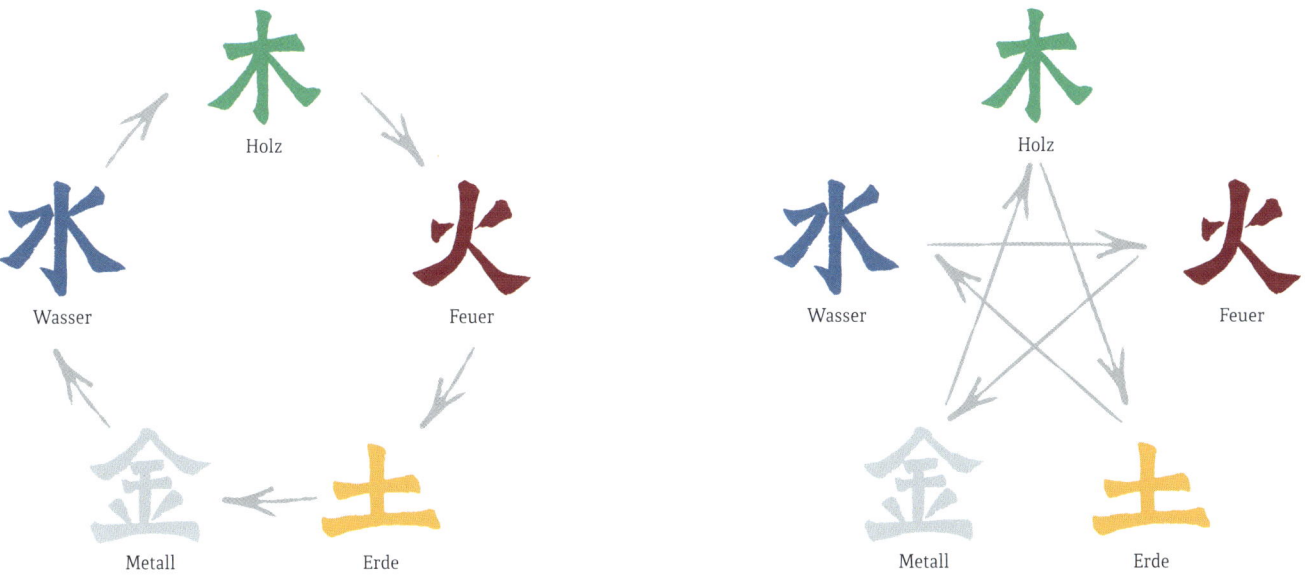

JEDEM SEIN ELEMENT

Diese Wechselwirkungen gelten auch für den menschlichen Organismus, in dem die fünf Elemente den diversen Organen und ihren Funktionskreisen zugeordnet sind.

Je nach Eigenschaft ordneten nämlich die alten Chinesen sämtliche Dinge und Phänomene jeweils einem der fünf Grundelemente – Holz, Feuer, Erde, Metall und Wasser bzw. dessen Qualitäten – zu.

So bekam Alles und Jedes seinen Platz im Fünf-Elemente-Zyklus zugewiesen, ob es sich nun um die fünf Himmelsrichtungen, die fünf Planeten, Tonintervalle, Farben, Formen, Tageszeiten, die menschlichen Sinne oder Gefühlsäußerungen, Geschmacksrichtungen oder die einzelnen Organe handelte.

Das Element Holz steht dabei – wie die Knospen im Frühjahr – für Aufbruch, Entwicklung und Expansion. Feuer bedeutet Dynamik und Aktion, es vertritt den Sommer, in dem alles wächst und gedeiht. Das Element Erde wirkt verändernd, umwandelnd, wie der Spätsommer, wenn aus den Blüten Früchte werden. Metall – das Element des Herbstes – steht für Reife und Ablösung, aber auch für das Absinken und Sichzurückziehen der Säfte. Und das Element Wasser schließlich symbolisiert die Ruhe und Beschaulichkeit des Winters, in dem sich alle Kräfte für einen neuen Lebenszyklus sammeln.

Wasser
Winter, Norden, Nacht,
schwarzblau, Merkur,
Sexte, Kälte, Angst, hören,
nährend, befeuchtend,
absteigend, salzig,
irreguläre Formen,
Niere, Blase

Metall
Herbst, Westen, Abend,
weiß, Venus, Sekunde,
Trockenheit, Trauer,
riechen, rein, klar,
sich zusammenziehend,
abweisend, nach unten
strebend, scharf, Kuppel,
Lunge, Dickdarm

Erde
Spätsommer, Mitte,
Nachmittag, gelb, Saturn,
Prime, Feuchtigkeit,
Mitgefühl, schmecken,
hervorbringend,
aufnehmend, süß,
Quader, Magen, Milz,
Bauchspeicheldrüse

Holz
Frühling, Osten,
Morgen, Jupiter, Terz,
grün, Wind, Ärger, sehen,
wachsend, nach oben
strebend, sauer, Zylinder,
Leber, Galle

Feuer
Sommer, Süden, Mittag,
rot, Mars, Quinte,
Hitze, Freude, sprechen,
warm und aufsteigend,
sich ausdehnend, bitter,
Pyramide, Herz,
Dünndarm

ERNÄHRUNG NACH DEN FÜNF ELEMENTEN

HARMONIE DURCH ERNÄHRUNG

Dass die Nahrung – wie auch die Atmung – für die Lebensenergie und die Aufrechterhaltung der Organfunktionen essentiell ist, wussten nicht nur die Daoisten. Allerdings waren die alten Chinesen davon überzeugt, dass man die Qualität der angeborenen Lebensenergie durch richtige Ernährung durchaus im positiven Sinne beeinflussen kann, indem man z.B. alle Organe des menschlichen Körpers gleichmäßig und darüber hinaus im Rhythmus der Jahreszeiten stärkt und unterstützt und somit ein harmonisches Gleichgewicht zwischen dem Inneren des Menschen und seinem äußeren Umfeld schafft.

Aber nicht nur die Organfunktionen können durch die Wahl der Nahrungsmittel beeinflusst werden, sondern auch die Energieflüsse innerhalb eines Organismus sowie die seelischen und geistigen Zustände eines Menschen wie Freude, Zorn, Stress oder Wut (Yang) oder Trauer, Angst und Frustration (Yin). Da sich der Körper auch durch Gefühle erhitzt oder abkühlt, kann der chinesischen Heilslehre gemäß über die thermische Wirkung der Lebensmittel auch an dieser Stelle Ausgleich geschaffen werden.

Diese fünf Geschmäcker sollten die Grundlage eines jeden Gerichts bilden:

Sauer – Element Holz (Essig, Orangen, Tomaten, Weizen)
 Der saure Geschmack des Elements Holz wirkt adstringierend, die Gefäße ziehen sich zusammen und bewahren die Körpersäfte. Dadurch wird Wachstum angeregt.
 Der Energiefluss geht nach innen und unten.
Bitter – Element Feuer (Rucola, Roggen)
 Bitterstoffe haben ausleitende Wirkung. Sie wärmen und regen die Transformation an.
 Der Energierfluss geht nach unten.
Süß – Element Erde (Kartoffeln, Mais, Karotten)
 Der süßliche Geschmack der dem Erdelement zugeordneten Lebensmittel wirkt befeuchtend.
 Die Energie wird in alle Richtungen verteilt.
Scharf – Element Metall (Zwiebel, Senf, Chili, Ingwer)
 Die Schärfe des Metallelements öffnet die Poren, regt Bewegung an und löst Stagnation.
 Der Energiefluss geht nach oben und außen.
Salzig – Element Wasser (Salz, Hülsenfrüchte, Oliven, Wasser)
 Das Wasserelement wirkt durch seinen salzigen Geschmack abführend. Es nährt und regt an, die Knochen werden gefestigt.
 Der Energiefluss wird in die Tiefe geleitet.

KOCHEN NACH WETTER UND LAUNE

Die folgenden Rezepte sind jeweils einem der fünf Elemente Holz, Feuer, Erde, Metall und Wasser zugeordnet. Innerhalb dieser Kategorien gibt es wiederum je zwei Yin- und zwei Yang-Rezepte, d.h., es gibt zu jedem Element zwei Suppen mit wärmender und zwei mit kühlender Wirkung.

So empfiehlt es sich, z.B. an kühlen Sommertagen (Element Feuer) ein wärmendes Yang-Rezept zu kochen, während man an einem milden und strahlend sonnigen Wintertag (Element Wasser) durchaus ein kühlendes Yin-Rezept wählen kann. Und natürlich kann auch die eigene Stimmungslage jeweils ausschlaggebend für die Wahl eines Yin- oder Yangrezeptes sein.

Die hier angeführten Rezepte sind als Vorschläge zu betrachten, die einzelnen Zutaten können mengenmäßig verändert oder mithilfe der angehängten Tabelle ergänzt, weggelassen oder ersetzt werden. Vor allem Chilipaste und Sojasauce sollten je nach Belieben reduziert oder zugegeben werden.

Wichtig ist, dass die Zutaten stets frisch sind und sorgfältig zubereitet werden. Eine Orientierung an den fünf Elementen hilft dabei, Zutaten möglichst abwechslungsreich und ausgewogen zu kombinieren. Mit etwas Kreativität ergeben sich daraus zahlreiche neue und interessante Rezepte, ganz auf den individuellen Geschmack abgestimmt!

DIE WICHTIGSTEN ZUTATEN UND IHRE WIRKUNG

Chili: wirkt niedrigem Blutdruck entgegen, wärmt den Körper

Chilipaste: siehe Chili

Erdnüsse: wirkt auf Milz, Lunge und Bauchspeicheldrüse, blutdrucksenkend

Essig: fördert durch seine wärmende Wirkung die Durchblutung und die Verdauung, unterstützt die Leber bei ihrer entgiftenden Funktion, hebt die Stimmung

Ingwer: stärkt die Abwehrkräfte, entgiftet, wirkt Blähungen und Völlegefühl entgegen

Knoblauch: wirkt antibakteriell, hemmt Erkältungen, durchblutungs- und verdauungsfördernd, blutdrucksenkend und entgiftend, regt den Stoffwechsel an; Knoblauch sollte nicht roh und nur in kleinen Mengen genossen werden, da sonst Magen und Leber geschädigt werden

Koriander: wärmt, wirkt Blähungen entgegen, hilft bei Erbrechen und Übelkeit

Lauchzwiebel: wirkt positiv auf die Lunge, vertreibt Kälte, hilft bei Erkältungen, hemmt Virenwachstum

Reis: wirkt entgiftend, entwässert, stärkt Nieren und Blase, hilft bei Hautkrankheiten

Reisessig: siehe Essig

Sesam: reguliert die Verdauung, wirkt Verstopfung entgegen, hilft bei Rheuma und Schwindel

Sesamöl: hilft bei trockener Haut und Schleimhaut, wirkt befeuchtend, entgiftet, unterstützt Leber und Niere, antikarziogen

Shiitakepilz: (in China auch Duftpilz oder Winterpilz genannt) entgiftet, stärkt das Immunsystem, hilft bei Atemwegserkrankungen, antikarziogen

Sojabohne: reinigt die Blutgefäße, entgiftet, positive Wirkung auf die Nieren, verbessert die Durchblutung, kühlt und entwässert, wirkt Fieber entgegen

Sojasauce: verdauungsfördernd, entgiftend, kühlend

Sojasprossen: entgiftend, entwässernd, unterstützt die Nieren, reinigt den Darm, kühlend

Tofu: eiweißreich, beruhigt den Magen, neutralisiert Toxine, kühlt den Organismus, senkt den Blutdruck

REZEPTE

Mengenangaben
Die in den Rezepten angegebenen Mengen ergeben jeweils 4 Portionen.

Zeitaufwand
Der Zeitaufwand für alle Rezepte beträgt zwischen 30 und 40 Minuten, die Einweichzeiten nicht einberechnet.

Zutaten
Die hier angeführten Zutaten sind in gut sortierten Supermärkten oder in Asienläden erhältlich. Die im Anhang aufgelisteten Großmärkte liefern Zutaten auch auf Online-Bestellung.

REZEPT FÜR CHILIPASTE

Eine würzige Chilipaste ist schnell selbst gemacht. Bitte unbedingt Handschuhe tragen!

400 g rote Chilischoten
150 g Ingwer
5 Knoblauchzehen
3 EL Maiskeimöl
2 EL süße Bohnenpaste
2 EL Rohrzucker
2 EL weißer Essig
1 TL Salz
evtl. fein gehackte Erdnüsse

1. Chilischoten waschen, trocknen, den Stiel entfernen und sehr fein hacken (eventuell mit der Küchenmaschine häckseln). Wenn man es nicht allzu scharf mag, kann man vorher die Kerne und die weißen Streifen aus dem Inneren der Chilischoten entfernen.
2. Ingwer und Knoblauch schälen und ebenfalls fein hacken. Maiskeimöl bei niedriger Hitze in einer Pfanne erwärmen, Bohnenpaste, Zucker, weißen Essig und Salz zugeben.
3. Alle Zutaten gut verrühren, dann Chilischoten, Knoblauch und Ingwer dazugeben. Bei niedriger Hitze unter ständigem Rühren, damit die Masse nicht anklebt, etwa 5 Minuten lang rösten.
4. Je nach Geschmack können zuletzt noch fein gehackte Erdnüsse dazugegeben werden.

Zum Aufbewahren füllt man die abgekühlte Chilipaste in ein sauberes Glas, bedeckt die Masse mit 1 EL heißem Maiskeimöl und verschließt das Glas luftdicht.

BASISREZEPT FÜR GEMÜSEBRÜHE

(Menge für 4 Suppen à 4 Portionen)

½ Weißkohl, grob zerkleinert
2 Karotten, halbiert
1 Maiskolben, in 3 bis 4 Stücke zerteilt
½ Sellerieknolle, geschält und grob zerkleinert
½ Rettich, geschält und grob zerkleinert
5 EL Sojabohnen
6 Jujube ohne Kern (rote Datteln, aus dem Asienladen)
10 getrocknete Shiitakepilze, ½ Stunde in lauwarmem Wasser eingeweicht, gewaschen und halbiert
4 l Wasser

Wasser mit allen Zutaten in einen großen Topf geben, erst bei starker Hitze kurz aufkochen, dann auf kleiner Flamme ca. 4 Stunden köcheln lassen. Anschließend das Gemüse abseihen und die Flüssigkeit auffangen.

Es empfiehlt sich, die Gemüsebrühe, die die Basis aller Suppen darstellt, gleich in dieser großen Menge zu kochen und sie nach dem Abkühlen portionsweise einzufrieren.

HOLZ steht für Wachstum und Frühling. In einem harmonischen Kreislauf äußert sich das Holz-Element in Dynamik, Freiheitsdrang, Zielorientiertheit, Schöpferkraft und Kreativität. Langgestreckte, schmale Formen, wie junge Triebe, lebendige Grüntöne und ein frischer, säuerlicher Geschmack sind diesem Element eigen.

Fehlt das Element Holz oder ist zu wenig von seiner Energie vorhanden, sammelt sich zu viel Yin im Körper an, was zum Beispiel Angstgefühle auslösen kann. Wird die Holzenergie hingegen in ihrer Dynamik ausgebremst oder eingeschränkt, staut sich innere Hitze im Körper. Gefühlsäußerungen sind Ungeduld, Rücksichtslosigkeit und Zorn. Die Energie kann sich in Leber und Gallenblase stauen und diesen Funktionskreis beeinträchtigen. Verdauungsprobleme, Sodbrennen, Bluthochdruck und Schlafstörungen sind die Folge. In diesem Fall sollte man Hitze unbedingt meiden und Yin-lastige Lebensmittel bevorzugen.

FRÜHLINGSDUFT

(Erfrischende Gemüsesuppe mit Kirschtomaten)

Holz-Yin

50 g Shiitakepilze (alternativ: Austernpilze)
50 g Morcheln
2 EL Öl
1 etwa daumengroßes Stück Ingwer
2 frische Chilischoten
2 Stangen Zitronengras
5 Limettenblätter
1 EL Tomatenmark
1 TL Rohrzucker/Honig
2 Lauchzwiebeln

1 l Gemüsebrühe (siehe Basisrezept Seite 18)
2 EL helle Sojasauce
2 EL Sonnenblumenkerne
10 Salbeiblätter
Salz
125 g Kirschtomaten
1 Handvoll Sojasprossen
100 g Seidentofu
Saft einer Limette

1. Morcheln und Shiitakepilze etwa 30 Minuten lang in warmem Wasser einweichen.
2. Öl in einem großen Topf oder Wok erhitzen. Ingwer und Chilischoten fein hacken und mit dem Zitronengras und den Limettenblättern anbraten. Die ausgedrückten, gut gewaschenen, von den Stängeln befreiten und in Scheiben geschnittenen Shiitakepilze und die ebenfalls gewaschenen und grob zerteilten Morcheln dazugeben und weitere 2 Minuten in 1 EL Öl braten. Tomatenmark und Rohrzucker einrühren. Lauchzwiebeln in feine Ringe schneiden, dazugeben und kurz weiterrühren.
3. Mit Gemüsebrühe aufgießen und mit Sojasauce abschmecken.
4. Die Sonnenblumenkerne und Salbeiblätter in einer Pfanne mit etwas Salz in 1 EL Öl anrösten.
5. Kurz vor dem Servieren die halbierten Kirschtomaten, die Sojasprossen, den ganzen Seidentofu und den Limettensaft in die Suppe geben. Vorsichtig rühren, bis der Tofuwürfel in Stücke zerfällt. Das Zitronengras und die Limettenblätter herausnehmen und mit den gerösteten Sonnenblumenkernen und Salbeiblättern garnieren.

Aufgrund ihrer kühlenden Temperatureigenschaft sind Tomaten, die wie das Organ Leber, dem Holzelement zugeordnet sind, gut bei Symptomen, die durch zu viel Yang – also Hitze und Trockenheit – in der Leber verursacht werden. Sie wirken entgiftend, befeuchtend und senken Bluthochdruck. Dennoch sollten vor allem rohe Tomaten nur in Maßen genossen werden, zu große Mengen schwächen den Organismus!

MITTAGSMAHL DER REISBAUERN

(Erfrischende Reis-Gemüsesuppe)

Holz-Yin

2 mittelgroße Zucchini
1 große Zwiebel
100 g Bambussprossen
1 kleiner Chinakohl
1 Karotte
3 kleinere Tomaten
2 Knoblauchzehen
2 EL Maiskeimöl
2 Stangen Zitronengras
1 EL Tomatenmark
1 l Gemüsebrühe (siehe Basisrezept Seite 18)

etwas Salz
Pfeffer
2 EL Sojasauce
1 TL Reiswein
1 EL Sesamöl
150 g Rundkornreis
50 g Zuckerschoten
1 Handvoll Sojasprossen
1 EL Limettensaft
1 EL Zitronenmelisse

1. Zucchini waschen und in Stifte schneiden. Zwiebel, Bambussprossen, Chinakohl und Karotte kleinschneiden. Tomaten würfeln, den Knoblauch fein hacken.
2. Maiskeimöl im Topf erhitzen, Zwiebel, Knoblauch, Zitronengras, Tomatenmark, Karotten, Zucchinistifte und Chinakohl andünsten, dann mit der Gemüsebrühe ablöschen. Kurz aufkochen und mit Salz, Pfeffer, Sojasauce, Reiswein und Sesamöl abschmecken.
3. Reis zugeben und bei mittlerer Hitze 20 Minuten köcheln lassen.
4. Zuletzt die Bambussprossen, Zuckerschoten, Sojasprossen und Tomatenwürfel in die Suppe geben und 5 Minuten ziehen lassen.
5. Bei Bedarf nochmal nachwürzen und mit Limettensaft abschmecken. Vor dem Servieren das Zitronengras entfernen und mit der gehackten Zitronenmelisse garnieren.

Das aus Südostasien stammende und geschmacksintensive Zitronengras eignet sich nicht nur hervorragend zum Würzen von Speisen. Es werden ihm auch heilende Eigenschaften nachgesagt: So soll es Blähungen, Infektionen im Mund- und Rachenraum, Hautproblemen und fiebrigen Erkrankungen entgegenwirken.
Außerdem eignen sich die im Zitronengras enthaltenen ätherischen Öle gut zur Abwehr lästiger Stechmücken.

APRILNACHT AM WESTSEE

(Wärmender Kräuter-Gemüsetopf)

西湖春晚

Holz-Yang

1 Handvoll getrocknete Shiitakepilze
100 g Glasnudeln
300 g gemischtes Gemüse
    (z.B. Sojakeimlinge, Kirschtomaten, Lauchzwiebeln,
    Lauch, Chinakohl, Karotten, Auberginen)
1 daumengroßes Stück Ingwer
2 Knoblauchzehen
2 EL Kimchi (alternativ: Sauerkraut)
1 EL Sesamöl
1 TL Chilipaste (siehe Rezept Seite 17)

2 EL Maiskeimöl
1 l Gemüsebrühe (siehe Basisrezept Seite 18)
3 EL gemischte Kräuter (Koriander, Zitronenmelisse,
    Thai-Basilikum, Liebstöckel, Petersilie)
200 g Seidentofu
Salz
2 EL Sojasauce
schwarzer, chinesischer Essig (alternativ: Balsamicoessig)
Reiswein
2 EL Sesam

1. Shiitakepilze und Glasnudeln ca. 30 Minuten lang in lauwarmem Wasser einweichen, Gemüse in mundgerechte Stücke schneiden, Ingwer und Knoblauch fein hacken.
2. Shiitakepilze ausdrücken, gut waschen, die Stängel entfernen und in Streifen schneiden. Mit dem kleingeschnittenen Gemüse, dem feingehackten Ingwer und Knoblauch und der Chilipaste in Maiskeimöl kurz anbraten. Mit Brühe aufgießen und etwa 5 Minuten köcheln lassen.
3. Die eingeweichten Glasnudeln abtropfen lassen, hinzufügen und die Suppe nochmals kurz aufkochen lassen. Die grob gehackten Kräuter und den Kimchi zugeben und zuletzt den ganzen Seidentofu vorsichtig unterrühren, bis er zerfällt.
4. Mit Salz, Sojasauce, Sesamöl, Pfeffer, einem guten Schuss Essig und Reiswein abschmecken.
5. Mit Sesamkörnern bestreuen.

Der unscheinbare Shiitakepilz ist äußerst reich an Vitaminen und Mineralien. Er wirkt entgiftend und unterstützt das Immunsystem. In der traditionellen chinesischen Medizin wird er bevorzugt bei Unterleibserkrankungen eingesetzt.

KÜHLER WIND IN JUNGEN ZWEIGEN

(Bärlauch-Dinkelsuppe mit Sojasprossen)

春风送暖

Holz-Yang

1 EL Chiliöl
1 Bund Petersilie
1 etwa daumengroßes Stück Ingwer
2 Knoblauchzehen
1 Stange Zitronengras
30 g Dinkelkorn
1 TL Kurkuma
Salz
1 l Gemüsebrühe (siehe Basisrezept Seite 18)
1 TL Rohrzucker
1 EL schwarzer, chinesischer Essig
1 EL Sojabohnenpaste

1 Karotte
½ kleine Stange Lauch
⅛ Knolle Sellerie
1 EL Maiskeimöl
1 Bund (ca. 100 g) Bärlauch
1 Handvoll Sojasprossen
etwas Reisessig zum Abschmecken
2 EL Sojasauce
etwas Chilipaste (siehe Rezept Seite 17)
1 EL frische Thymianblätter
1 kleiner Bund Koriander

1. Petersilie, Ingwer und Knoblauch fein hacken und mit Zitronengras, Dinkel und Kurkuma in Chiliöl anbraten, eine Prise Salz dazugeben und kurz weiterrühren.
2. Mit 1 l Gemüsebrühe aufgießen und 20 Minuten köcheln lassen. Anschließend den Rohrzucker in dem schwarzen chinesischen Essig auflösen und gemeinsam mit der Sojabohnenpaste zur Suppe geben.
3. Die Karotte, den Lauch und den Sellerie in mundgerechte Stücke schneiden, separat in Maiskeimöl andünsten, bis das Gemüse weich ist. Dann zu der Suppe geben und kurz ziehen lassen.
4. In der Zwischenzeit Bärlauch sehr fein hacken und zusammen mit den Sojasprossen unterrühren. (Ein paar Sojasprossen zum Garnieren auf die Seite legen!) Nochmals kurz ziehen lassen.
Achtung: Der Bärlauch darf auf keinen Fall kochen, sonst wird er bitter.
5. Vor dem Servieren nach Geschmack mit Essig, Chilipaste und Sojasauce abschmecken, Zitronengras entfernen und mit Thymianblättchen, Koriander und Sojasprossen garnieren.

Der eisenhaltige Bärlauch ist vor allem wegen seiner positiven Wirkung auf die Blutgefäße bekannt: Er beugt Arteriosklerose und eventuellen Begleiterscheinungen wie Bluthochdruck, schlechter Durchblutung, Schlaganfall, Herzinfarkt usw. vor. Auch Beschwerden während der Wechseljahre lassen sich durch die Einnahme von Bärlauch lindern.

Das Element **FEUER** steht für Kraft, Aktivität, Leidenschaft und Lebensfreude und ist dem Sommer zugeordnet. Menschen mit einer ausgeglichenen Feuer-Energie sind fröhlich, kontaktfreudig und sinnlich. Spitze oder dreieckige Formen (wie züngelnde Flammen), Rottöne und bitterer Geschmack gehören zu diesem Element.

Fehlendes Feuer äußert sich in Erschöpfung, Humor- und Antriebslosigkeit und schlechter Konzentrationsfähigkeit. Dem Feuerelement zugeordnete Yang-lastige Lebensmittel sollten in diesem Fall vermehrt auf dem Speiseplan stehen. Zu viel Feuer bewirkt Ruhelosigkeit und Hysterie. Menschen mit aufgestauter Feuer-Energie sind zappelig und überdreht und neigen leicht zu Extremen. Herz- und Kreislaufstörungen können langfristig die Folge sein.

SONNENUNTERGANG AM WEISSEN FLUSS

(Lauwarme Rote-Bete-Suppe mit Pinienkernen)

Feuer-Yin

150 g Tofu
500 g Rote Bete, gekocht
1 Stück frischer Ingwer, etwa ½ Daumen groß
1 große Zwiebel
¾ l Gemüsebrühe (siehe Basisrezept Seite 18)
2 Esslöffel Chiliöl
30 g Buchweizenschrot
1 Stange Zitronengras
1 Zimtstange
1 Sternanis

½ TL Pfefferkörner
3 Limettenblätter
Salz
frisch gemahlener Pfeffer
2 EL helle Sojasauce
Saft einer Limette
2 EL Pinienkerne
1 kleiner Bund Rucolablätter

optional: 100 ml Kokosmilch

1. Tofu und Rote Bete in kleine Würfel schneiden. Ingwer und Zwiebel schälen und fein hacken.
2. Die Hälfte der Roten Bete in ¼ l Brühe kurz aufkochen und pürieren.
3. Die übrigen Rote-Bete-Würfel mit Buchweizenschrot, Zitronengras, Zimtstange, Zwiebel, Ingwer, Sternanis und den Pfefferkörnern in Chiliöl gut anbraten.
4. Mit der restlichen Brühe ablöschen, die pürierte Rote Bete dazugeben. Limettenblätter beigeben und das Ganze 15–20 Minuten ausquellen lassen. In den letzten 5 Minuten den Tofu (und, wer den kräftigen Geschmack der Roten Bete etwas abmildern möchte, noch 100 ml Kokosmilch) beigeben und kurz ziehen lassen.
Mit Salz, Pfeffer, heller Sojasauce und Limettensaft abschmecken.
5. Die Pinienkerne in einer beschichteten Pfanne vorsichtig anrösten.
6. Das Zitronengras entfernen, die Suppe mit ein paar Blättern Rucola anrichten und mit den gerösteten Pinienkernen bestreuen. Lauwarm servieren.

Rote Bete ist eine wertvolle Eisenquelle. Darüber hinaus liefert sie zahlreiche Spurenelemente, die für den Stoffwechsel und die Regeneration der Zellen verantwortlich sind. Das in der Roten Bete enthaltene Betain schützt die Blutgefäße und unterstützt die Funktion von Leber und Kreislauf. Wegen ihres hohen Folsäuregehalts beugt sie auch Herz- und Gefäßkrankheiten vor.

KOREADISTEL TRIFFT WASSERMINZE

(Artischocken-Minzsuppe)

薄荷飄香

Feuer-Yin

8 kleine Artischockenherzen, gekocht
100 g Blattspinat
1 rote Paprika
200 g Tofu
1 TL Maisstärke
2 Lauchzwiebeln
1 Knoblauchzehe
2 EL Maiskeimöl
1 l Gemüsebrühe (siehe Basisrezept Seite 18)

1 kleiner Bund Minze
abgeriebene Schale einer Limette
Salz
schwarzer Pfeffer
2 EL Sojasauce
1 TL schwarzer chinesischer Essig
etwas Sesamöl zum Abschmecken
1 EL Limettensaft
1 EL geröstete Sesamkörner

1. Artischockenherzen vierteln, Blattspinat putzen und etwas zerkleinern. Paprika in feine Streifen schneiden. Tofu würfeln. 1 TL Maisstärke in ein wenig kaltem Wasser anrühren.
2. Die in schmale Röllchen geschnittenen Lauchzwiebeln und den fein gehackten Knoblauch in Maiskeimöl andünsten, unter Rühren Artischocken dazugeben.
3. Mit Brühe aufgießen und etwa 5 Minuten auf kleiner Flamme köcheln lassen. Maisstärke einrühren.
4. Minzblättchen hacken und mit den Paprikastreifen, der abgeriebenen Limettenschale, den Tofuwürfeln und dem Spinat in die Suppe geben. Weitere 5 Minuten auf kleiner Flamme ziehen lassen.
5. Mit Salz, Pfeffer, Sojasauce, Essig, Sesamöl und Limettensaft abschmecken.
   Mit geröstetem Sesam bestreut servieren.

Selbst an heißen Sommertagen sollte man keine eiskalten Getränke zu sich nehmen. Um dem Körper Kühlung zu verschaffen, eignet sich z.B. ein lauwarm getrunkener Pfefferminztee, dem man Gurken- und Zitronenscheiben, Ahornsirup und Basilikumblätter beimengen kann. Auch abgekühlter Kräutertee mit einem Schuss Essig und Honig oder mit Mineralwasser hilft, die Hitze zu reduzieren.

MIT FREUNDEN IM SÜDPAVILLON

(Chinakohl-Chili-Suppe mit Reisnudeln)

Feuer-Yang

100 g breite Reisnudeln
1 mittelgroßer Chinakohl
2 Lauchzwiebeln
1 mittelgroße rote Zwiebel
½ TL Chilipaste (siehe Rezept Seite 17)
2 EL Chiliöl
¾ l Gemüsebrühe (siehe Basisrezept Seite 18)

2 TL Sojabohnenpaste
2 EL Oreganoblättchen
1 TL Limettensaft
1 TL Reisessig
2 EL helle Sojasauce
2 EL frischer Koriander, fein gehackt
2 EL Basilikum, fein gehackt

1. Reisnudeln in lauwarmem Wasser 30 Minuten einweichen.
2. Chinakohl und Lauchzwiebeln in feine Streifen schneiden. Zwiebel würfeln.
3. Gemeinsam mit der Chilipaste in Chiliöl andünsten und mit der Gemüsebrühe aufgießen. Sojabohnenpaste in etwas Wasser auflösen und einrühren.
4. Die mit einer Schere in mundgerechte Stücke zerschnittenen Reisnudeln zugeben. Alles auf kleiner Flamme köcheln lassen, bis die Reisnudeln weich sind.
5. Oreganoblättchen unterrühren.
6. Mit Limettensaft, Essig und Sojasauce abschmecken. Die Suppe mit frischem Koriandergrün und Basilikum bestreuen.

Chilischoten regen den Stoffwechsel an, verbessern die Blutfettwerte und wirken Entzündungen entgegen. Anders als vielfach angenommen, wird Chili aufgrund seiner speziellen Schleimhaut-Schutzstoffe auch bei Magenentzündungen therapeutisch eingesetzt.

GEDICHT VOM SMARAGDSEE

(Würzige Brennnesselsuppe mit Reis)

诗满碧湖

Feuer-Yang

50 g Basmatireis
1 kleiner Brokkoli
1 Bund Petersilie
2 Lauchzwiebeln
1 grüne Chilischote
1 Limettenblatt
1 kleine Zucchini
½ TL Muskatnuss
3 Knoblauchzehen
2 EL Sesamöl
½ l Gemüsebrühe (siehe Basisrezept Seite 18)
1 kleine Stange Lauch

1 Handvoll getrocknete rote Datteln
1 TL Chiliöl
150 g junge Brennnesselspitzen
350 g gemischtes Blattgemüse aus Pak Choy, Mangold und Blattspinat
½ TL Salz
½ TL weißer Pfeffer
3 EL helle Sojasauce
2 EL Reisessig
1 EL Reiswein (alternativ: Sherry medium)
1 EL Sesamöl
2 Zweige Bohnenkraut

1. Den Reis in Salzwasser gar kochen.
2. Brokkoli in Röschen zerteilen, Zucchini in dünne Stifte von ca. 2 cm Länge schneiden, Petersilie, Knoblauch und Chilischote fein hacken, Lauchzwiebeln und Lauch in Röllchen schneiden. Alles zusammen mit dem Limettenblatt (am Stück) und etwas Muskatnuss in Sesamöl kurz anbraten.
3. Mit der Gemüsebrühe aufgießen, die Datteln zugeben und alles auf kleiner Flamme köcheln lassen, bis der Brokkoli bissfest ist.
4. Den gekochten Basmatireis unterheben.
5. Das gründlich gewaschene Blattgemüse zugeben und kurz aufkochen.
6. Das Limettenblatt entfernen und alles sehr fein pürieren.
7. Die Suppe mit Pfeffer, Sojasauce, Reisessig, Reiswein und Sesamöl abschmecken und mit Bohnenkraut garniert servieren.

Die Bitterstoffe der Brennnessel kann man reduzieren, indem man süße Früchte (z.B. getrocknete Datteln) mitkocht.

ERDE repräsentiert Sicherheit, Geborgenheit, Stabilität und Kontinuität. Ihre Jahreszeit ist der Spätsommer, die Zeit der Reife. Befindet sich das Erdelement in Harmonie, sind Menschen mitfühlend, bereit, sich für andere einzusetzen, sie sind gesellig, stabil und gut geerdet. Ebene, flache Formen, Erdtöne wie Braun, Gelb oder Ocker und ein süßer Geschmack sind hier vorherrschend.

Ein Mangel an Erdenergie äußert sich nicht selten in der Unfähigkeit von Menschen, Grenzen zu akzeptieren oder ausreichend für sich selbst zu sorgen, Milzprobleme oder ein angegriffenes Immunsystem können die Folge sein. Umgekehrt führt zu viel Yang im Erdelement zu dem Bestreben, es allen recht machen zu wollen, der Unfähigkeit, anderen Menschen Bitten abzuschlagen, oder zu übertriebenen Sorgen, was sich schnell auf den Magen schlagen kann.

JADEREIS ERNTEN

(Kühlende Suppe aus Mais und dünnem Spargel)

Erde-Yin

400 g dünner weißer Spargel
1 EL Maisstärke
2 EL Wasser
1 l Gemüsebrühe (siehe Basisrezept Seite 18)
100 g Mais

Salz
2 EL Reisessig
1–2 EL helle Sojasauce
1 Lauchzwiebel
1 EL Estragonblätter

1. Spargelstangen schälen und in mundgerechte Stücke schneiden.
2. Die Gemüsebrühe zum Kochen bringen, Spargel zugeben und weich kochen.
3. Die Hälfte des Spargels pürieren, durch ein Sieb streichen und zurück in die Suppe geben.
4. Die Maisstärke in etwas Wasser auflösen und mit den weich gekochten Maiskörnern unter Rühren hinzufügen. Mit Salz, Essig und Sojasauce abschmecken.
5. Die Suppe mit der fein gehackten Lauchzwiebel und den Estragonblättchen garnieren.

Die im Mais enthaltenen Ballaststoffe regulieren die Verdauung und Phytinsäure steigert den Fettabbau. Deshalb wird Mais auch gerne bei Schlankheitskuren eingesetzt. Darüber hinaus wirkt Mais entgiftend, harntreibend und reguliert den Blutzucker.

BLÄTTERRAUSCHEN IM SOMMERREGEN

(Kohlsüppchen mit Tofu)

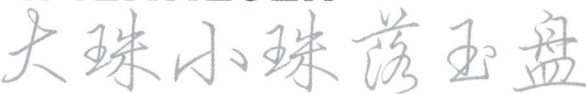

Erde-Yin

2 Knoblauchzehen
2 EL Maiskeimöl
500 g gemischtes Blattgemüse (Chinakohl, Pak Choy, Kimchi (alternativ: Sauerkraut), Grünkohl, Babymangold, junge Sauerampferblätter, Brennnesselspitzen)
¾ l Gemüsebrühe (siehe Basisrezept Seite 18)
2 EL Maisstärke

Salz
weißer Pfeffer
1 TL Rohrzucker
2 EL helle Sojasauce
2 EL Reisessig (alternativ: heller Balsamico)
200 g Seidentofu
½ rote Paprika

1. Den fein gehackten Knoblauch mit dem grob zerkleinerten Blattgemüse in Maiskeimöl kurz anbraten, bis es zusammenfällt.
2. Mit Gemüsebrühe aufgießen und kurz aufkochen lassen.
   Die in Wasser angerührte Maisstärke unter Rühren zugießen.
   Mit Salz, Pfeffer, Zucker, Sojasauce und Reisessig abschmecken.
3. Vor dem Servieren den Tofu am Stück beigeben und kurz in der Suppe ziehen lassen.
   Vorsichtig umrühren, bis er zerfällt. Mit dünn geschnittenen Paprikastreifen garnieren.

Aufgrund seines erfrischenden Geschmacks eignet sich der Sauerampfer besonders gut für die leichte Sommerküche: Er wirkt kühlend, enthält viel Vitamin C und vertreibt Müdigkeit.

BLUMENGEMÜSE UND SEIDENFÄDEN

(Scharfe Blumenkohlsuppe mit Glasnudeln)

丝丝入味

Erde-Yang

1 Blumenkohl
1 Zwiebel
2 Knoblauchzehen
1 etwa daumengroßes Stück frischer Ingwer
100 g Glasnudeln
1 TL Chilipaste (siehe Rezept Seite 17)
1 EL Petersilie

2 EL Ingweröl
1 EL Chiliöl
1 l Gemüsebrühe (siehe Basisrezept Seite 18)
1 EL helle Sojasauce
1 TL Balsamicoessig
200 ml Kokosmilch
1 kleiner Bund Koriander

1. Blumenkohl waschen und in mundgerechte Stücke zerteilen. Zwiebel, Knoblauch und Ingwer schälen und fein hacken. Glasnudeln in lauwarmem Wasser 30 Minuten lang einweichen und kleinschneiden.
2. Zwiebel, Knoblauch, Ingwer, Chilipaste und die gehackte Petersilie mit den Gewürzen in Ingwer- und Chiliöl anbraten, bis es duftet. Blumenkohl dazugeben und weiterrühren. Mit Gemüsebrühe aufgießen, alles etwa 10 Minuten lang auf kleiner Flamme köcheln lassen.
3. Die Gemüsesuppe vom Feuer nehmen und pürieren.
4. Die eingeweichten Glasnudeln in Stücke von etwa 5 cm Länge schneiden, in die Suppe geben und kurz aufkochen.
5. Vor dem Servieren mit Sojasauce und Balsamicoessig abschmecken und die Kokosmilch unterrühren. Die Suppe in Schalen verteilen und mit gehackten Korianderblättern bestreuen.

Aufgrund seiner vielen Zutaten mit thermisch wärmenden Eigenschaften ist dieses Rezept besonders gut für die ersten kühlen Herbsttage geeignet.

SPÄTSOMMERLICHE VOLLMONDNACHT 仲夏的满月

(Wärmende Suppe aus Wurzelgemüse mit Esskastanien)

Erde-Yang

3 Karotten
½ Apfel
3 Schalotten
2 kleinere Süßkartoffeln
2 EL Chiliöl
2 Knoblauchzehen
1 daumengroßes Stück frischer Ingwer
1 Messerspitze Muskatnuss
1 TL Kurkuma
½ TL Chilipaste (siehe Rezept Seite 17)
1 l Gemüsebrühe (siehe Basisrezept Seite 18)
2 Stangen Zitronengras
2 EL helle Sojasauce

Saft einer Orange
1 Fenchelknolle
1 Handvoll Walnusshälften
50 g Esskastanien, vorgekocht, ohne Haut und Schale
½ TL Pimentkörner
3 Gewürznelken
1 Zimtstange
5 Salbeiblätter, frisch oder getrocknet
3 EL Sonnenblumenöl
Salz
1 Bund frischer Koriander
etwas Bohnenkraut, frisch oder getrocknet

1. Karotten, Apfel, Schalotten und Süßkartoffeln grob zerkleinern und zusammen mit dem fein gehackten Knoblauch und Ingwer sowie mit Muskatnuss und Kurkuma in Chiliöl 2 bis 3 Minuten lang anbraten.
2. Chilipaste in der Gemüsebrühe auflösen, das Gemüse damit ablöschen und mit dem Zitronengras ca. 5 Minuten lang kochen, bis alles weich ist.
3. Zitronengras herausnehmen, das Gemüse pürieren und mit Sojasauce und Orangensaft abschmecken. Topf beiseite stellen.
4. Fenchel der Länge nach in dünne Scheiben schneiden, mit Walnusshälften, Esskastanien, Piment, Gewürznelken, der Zimtstange und den Salbeiblättern in Öl anbraten, bis der Fenchel bissfest ist. Leicht salzen.
5. Die Gemüsesuppe auf Schalen verteilen. Koriander grob hacken, mit der Mischung aus Fenchel, Walnüssen, Kastanien und Salbei vermengen und zu der Suppe geben. Zum Schluss mit Bohnenkraut garnieren.

Kastanien mit ihren wärmenden Eigenschaften helfen uns, in der kühler werdenden Jahreszeit die Nieren zu stärken. Auch wirken sie Problemen im unteren Rückenbereich entgegen.

Das Element **METALL** ist dem Herbst zugeordnet und steht für Zähigkeit, Tatkraft, Entschlossenheit und eine Konzentration auf das Wesentliche. Menschen, bei denen sich dieses Element in einem ausgewogenen Zustand befindet, sind in der Lage, sich von unnötigem Ballast und alten Gewohnheiten zu trennen, sind rational und können strategisch denken. Runde Formen, die Farbe Weiß und scharfer Geschmack sind für dieses Element typisch.

Körperlich manifestieren sich Störungen des Metallelements im Bereich der Lunge und des Dickdarms. Ein Mangel an Metallenergie äußert sich in Versagensängsten oder der Unfähigkeit, Kritik zu ertragen, ein Überfluss kann Probleme beim Loslassen verursachen: Unnötige Dinge werden angehäuft, man hält an Vorurteilen, unsinnigen Verhaltensweisen wie etwa übertriebenem Ordnungs- oder Sauberkeitswahn oder schädlichen Beziehungen fest.

HERBSTNACHMITTAG UNTER DEM WALNUSSBAUM

(Sellerie-Salbeisuppe mit Hafer) 秋日午后的核桃树下

Metall-Yin

3 mittelgroße Kartoffeln
¼ Sellerieknolle
5 EL Haferflocken
2–3 Kardamomkapseln
1 Messerspitze Muskatnuss
2 EL Maiskeimöl
1 l Gemüsebrühe (siehe Basisrezept Seite 18)
1 TL Rohrzucker
2 EL schwarzer, chinesischer Essig
1 EL Reiswein
1 EL Tomatenmark

150 g Austernpilze
1 Stange Lauch
2 Knoblauchzehen
2 Lauchzwiebeln
1 EL Sesamöl
1–2 EL Sojasauce
ca. 1 TL Chilipaste (siehe Rezept Seite 17)
2 EL Walnusshälften
ca. 20 kleine Salbeiblätter
1 EL Chiliöl
Chilifäden zum Anrichten

1. Kartoffeln und Sellerie schälen und würfeln. Beides zusammen mit Haferflocken, Kardamom und Muskatnuss in Maiskeimöl anbraten.
2. Mit der Gemüsebrühe aufgießen und weich kochen.
3. Rohrzucker in schwarzem chinesischem Essig auflösen und gemeinsam mit dem Reiswein und dem Tomatenmark zur Suppe geben.
4. In einer Pfanne die in Streifen geschnittenen Austernpilze, den in feine Ringe geschnittenen Lauch, den fein gehackten Knoblauch und die in 2 cm lange Stücke geschnittenen Lauchzwiebeln in Sesamöl anbraten. Mit 2–3 EL Gemüsebrühe ablöschen, Sojasauce dazugeben, kurz weiterrühren und zur Suppe dazugeben.
5. Die Suppe mit etwas chinesischem Essig, Chilipaste und Sojasauce abschmecken.
6. In einer weiteren kleinen Pfanne Walnüsse und Salbei in etwas Chiliöl auf kleiner Flamme vorsichtig anbraten, bis der Salbei schön knusprig ist.
7. Die Suppe und das Gemüse auf Schalen verteilen und mit Walnüssen, Salbei und Chilifäden bestreuen.

Gekochtes Getreide – wie etwa Haferflocken – wird nur sehr langsam verdaut, es sättigt lange und beugt somit Heißhungerattacken vor. Darüber hinaus wirkt es entgiftend.

LETZTE SOMMERKLÄNGE

(Brunnenkresse-Rucola-Suppe mit Tofu)

Metall-Yin

2 mittelgroße Süßkartoffeln, ca. 300 g
½ Kürbis (z.B. Butternuss oder Hokkaido, ca. 300 g)
1 l Gemüsebrühe (siehe Basisrezept Seite 18)
1 Messerspitze gemahlene Muskatnuss
½ TL Pimentkörner
3 Gewürznelken
1 Stange Zimt
1 getrocknete rote Chilischote
1 EL Koriandersamen
2 EL Chiliöl
3 EL helle Sojasauce

2 EL Reisessig
etwas Reiswein
½ TL Chilipaste (siehe Rezept Seite 17)
1 TL Sojabohnenpaste
Salz
Pfeffer
50 g Brunnenkresse
1 Bund Koriander
3 Zweige Rosmarin
1 Bund Rucolasalat
200 g Räuchertofu

1. Süßkartoffeln und den Kürbis schälen und grob zerteilen. In der Gemüsebrühe weich kochen und fein pürieren.
2. Muskatnuss, Pimentkörner, Gewürznelken, Zimtstange, Chilischote und Koriandersamen in Chiliöl kurz anbraten. Mit der Suppe aufgießen und weich kochen.
3. Mit Sojasauce, Essig, Reiswein, Chilipaste, Sojabohnenpaste, Salz und Pfeffer abschmecken.
4. Brunnenkresse, Koriander, Rosmarin und Rucola grob hacken und mit dem in Würfel geschnittenen Räuchertofu zur Suppe geben. Kurz ziehen lassen.
5. Vor dem Servieren mit Rucolablättchen garnieren.

Rucola und Brunnenkresse bringen die Verdauung in Schwung, entgiften den Körper und wirken Blasenleiden entgegen.

WILDER RITT DURCH HERBSTLICHE STEPPE

(Mongolischer Gemüse-Feuertopf)

Metall-Yang

3 EL Sonnenblumenöl
1 EL Chiliöl (alternativ: Erdnussöl)
2 rote Chilischoten
1 EL Ingwer
1 TL Korianderwurzel
1 EL Knoblauch
2 Lauchzwiebeln
2 Schalotten
1 Zimtrinde
1 TL Koriandersamen
½ TL Pfefferkörner
2–3 Kardamomkapseln
½ TL Pimentkörner
1 Stange Zitronengras
1 TL Sojabohnenpaste
1 TL Chilipaste (siehe Rezept Seite 17)
1 EL Maisstärke
1½ l Gemüsebrühe (siehe Basisrezept Seite 18)
2 EL Sojasauce und 2 EL schwarzer chinesischer Essig zum Abschmecken

Chilischoten, Ingwer, Korianderwurzel und Knoblauch sehr fein hacken, Lauchzwiebeln und Schalotten in feine Ringe schneiden. Alles zusammen mit den restlichen Zutaten in Öl erhitzen und unter kräftigem Rühren 2 Minuten lang anbraten. Mit Gemüsebrühe aufgießen und auf niedriger Hitze 10 Minuten köcheln lassen. Mit Sojasauce und Essig abschmecken.

In der Zwischenzeit Gemüse für das Fondue vorbereiten (siehe Folgeseite).

Der chinesische Feuertopf wird gewöhnlich in größerer Runde – mit Freunden oder der versammelten Familie – gegessen. Da es immer etwas braucht, bis die in den Topf geworfenen Bissen gar sind, zieht sich das Essen oft in die Länge. Ideal für einen geselligen Abend!

Zutaten für das Fonduegemüse:

1 kleiner Chinakohl
1 kleiner Grünkohl
300 g Pak Choy (alternativ: Blattspinat oder Mangold)
2 große Kartoffeln
1 große Süßkartoffel
2 Karotten
1 kleine Sellerieknolle
100 g Nadelpilze (alternativ: Champignons)
50 g Morcheln, getrocknet
50 g Shiitakepilze, getrocknet (alternativ: Austernpilze)
250 g Glasnudeln

200 g fester Tofu
1 gelbe Paprika
1 rote Paprika
1 Aubergine
1 kleiner Broccoli
1 kleiner Blumenkohl
1 Stange Lauch
2 Frühlingszwiebeln
10 Rosenkohlröschen
50 g Sojasprossen

Zutaten für den Dip:

Sesampaste
Sesamkörner
Erdnussbutter
Reiswein (alternativ: Sherry)
Chiliöl
Sesamöl
Sojasauce
Sojabohnenpaste

schwarzer chinesischer Essig
Reisessig
20 g Erdnüsse, im Mörser grob zerstampft
1 kleiner Bund Koriander, fein gehackt
3 Knoblauchzehen, fein gehackt
1 daumengroßes Stück frischer Ingwer, fein gehackt
2 getrocknete rote Chilischoten, im Mörser zerstampft
Schnittlauch, fein geschnitten

1. Morcheln und Shiitakepilze eine halbe Stunde lang in warmem Wasser einweichen. Dann das überschüssige Wasser ausdrücken, die Pilze gut waschen und den unteren Teil der Stiele entfernen. Die Shiitakepilze in Scheiben schneiden, die Morcheln in mundgerechte Stücke zerteilen.
2. Alle Zutaten mit Ausnahme der Glasnudeln waschen, in mundgerechte Stücke (wahlweise Würfel, Stifte, Scheiben oder Streifen) schneiden und auf Tellern angerichtet in der Tischmitte platzieren. Die Glasnudeln müssen vorab nicht eingeweicht werden, sie können in getrockneter Form direkt in den Topf gegeben werden. Wer möchte, kann die geschnittenen Auberginenstücke in etwas Sojasauce und Chiliöl marinieren.
3. Sobald alle Gäste Platz genommen haben, wird auf einer mittig auf dem Tisch platzierten Kochplatte die vorbereitete Gemüsebrühe erhitzt. Bei niedriger Hitze etwas köcheln lassen.
4. Nun können je nach Geschmack Gemüse- und Tofustücke, Nudeln und Pilze in den Topf gegeben werden. Sobald sie gar sind, holt man sie mithilfe der Essstäbchen oder eines kleinen Sieblöffels heraus.
   In einem kleinen Schälchen kann sich jeder aus oben angeführten Zutaten, die auf dem Tisch bereitstehen, einen Dip nach seinem Geschmack mischen, in den man die aus der Suppe gefischten Leckerbissen tunkt.
5. Den krönenden Abschluss des Festmahls bildet die köstliche Suppe, die man zuletzt aus dem Topf schöpft.

Dazu passt: eingelegter Ingwer, eingelegtes Kohlgemüse, Obst der Saison, Kumquats, Erdnüsse (mit Schale geröstet und gesalzen).

Diese Suppe enthält viele Yang-Metallelemente, die jedoch durch Erd-Yin-Gemüse neutralisiert werden. An sehr kalten Tagen kann man das Yin-Gemüse durch Yang-lastiges Gemüse oder, wenn man möchte, auch durch Zugabe von Fleisch thermisch wärmer machen.

FEUERSUPPE AUS YUNNAN

(Scharf gewürzte Gemüsesuppe)

滇南香辣汤

Metall-Yang

100 g chinesische Nudeln
2–3 getrocknete rote Chilischoten
2 Knoblauchzehen
1 Stück frischer Ingwer, ca. 1 cm lang
1 EL Bohnenkraut, frisch oder getrocknet
2 EL Ingweröl
½ TL Piment
½ TL Fenchelsamen
½ TL Zimtrinde
1 Sternanis
1 Messerspitze gemahlene Muskatnuss
¼ TL Pfefferkörner
2–3 TL Kardamomkapseln
4–5 Gewürznelken
50 g Morcheln (alternativ: Austernpilze)

3 Lauchzwiebeln
3 kleine Rote Bete
150 g Pak Choy (alternativ: Babymangold oder Blattspinat)
1 l Gemüsebrühe (siehe Basisrezept Seite 18)
Essig
1 EL Sojabohnenpaste
Sojasauce
125 g Tofu, gewürfelt
1 EL Sesamöl
1 Handvoll gemischte Sprossen
Korianderblätter
Thai-Basilikumblätter (alternativ: Basilikum)
Sesamkörner
Erdnüsse, geröstet und gehackt
1 Limette

1. Die Nudeln 30 Minuten lang in lauwarmem Wasser einweichen und nach Packungsangabe bissfest kochen.
2. Chilischoten, Knoblauch, Ingwer und Bohnenkraut fein hacken. Gemeinsam mit den Gewürzen und dem in mundgerechte Stücke geschnittenen Gemüse (bis auf den Pak Choy und die Sprossen) in Ingweröl anbraten. Sobald es merklich zu duften beginnt, mit Gemüsebrühe aufgießen und Essig, Sojabohnenpaste und Sojasauce einrühren. Etwa 20 Minuten köcheln lassen.
3. Die Nudeln, den gewürfelten Tofu und Pak Choy in die Suppe geben und nochmal 5 Minuten ziehen lassen.
4. Mit Sesamöl, Essig und Sojasauce abschmecken, dann die Sprossen vorsichtig einrühren. Die Suppe auf Schalen verteilen und vor dem Servieren mit Koriander- und Basilikumblatt sowie gehackten Erdnüssen bestreuen.

Ingwer ist ein wahres Wundermittel: Indem er die Funktion der weißen Blutkörperchen anregt, unterstützt er das Immunsystem und hilft Krankheiten abzuwehren. Ingwertee wirkt bei Bauchschmerzen, Magenkrämpfen und Übelkeit – auch bei Reiseübelkeit. Auch hilft die Einnahme von Ingwer, Muskelkater zu reduzieren oder Gelenkschmerzen zu lindern.

Das **WASSER** steht für den Winter und den Rückzug allen Lebens. In diesem Element stehen die Sammlung und der Blick ins Innere im Vordergrund. Wellige und unregelmäßige Formen, der salzige Geschmack und die Farben Schwarz und Dunkelblau gehören zu diesem Element. Die emotionale weicht der geistigen Ebene, innere Ruhe, Klarheit, Leichtigkeit und Weisheit sind für ein sich in Balance befindendes Wasserelement kennzeichnend.

Ein Mangel an Wasserenergie führt zu Antriebslosigkeit, Ängsten, Depressionen und Phobien, was sich körperlich in Nieren- und Blasenbeschwerden äußern kann. Ein Zuviel an Wasserenergie kann hingegen zynisches und nachtragendes Verhalten und Hypochondrie bewirken sowie den Rückzug aus dem gesellschaftlichen Leben zur Folge haben.

FLÜSSIGE JADE

(Spinat-Brennnesselsuppe mit Wildreis)

翡翠汤

Wasser-Yin

50 g Wildreis
300 g Spinatblätter
50 g junge Brennnesselspitzen
1 TL Reiswein (alternativ: Sherry)
1 TL Rohrzucker
3 Knoblauchzehen
2 EL Sesamöl

1 TL Sojabohnenpaste
1 l Gemüsebrühe (siehe Basisrezept Seite 18)
Sojasauce
1 Prise Muskatnuss
etwas weißer Pfeffer
1 EL Maiskeimöl

1. Den Wildreis nach Packungsangabe weich kochen.
2. Spinat und Brennnesselspitzen hacken, mit Reiswein, Rohrzucker und zwei fein zerdrückten Knoblauchzehen in 2 EL Sesamöl und Sojabohnenpaste anbraten, bis das Gemüse zusammenfällt.
3. Mit Gemüsebrühe aufgießen und pürieren und den gekochten Wildreis dazugeben.
4. Mit Reiswein, Sojasauce, Muskatnuss, weißem Pfeffer und Sesamöl abschmecken.
5. Die restliche Knoblauchzehe in dünne Scheiben schneiden, in 1 EL Maiskeimöl auf kleiner Flamme leicht anbraten und zum Garnieren über die Suppe geben.

Der auch im Spinat enthaltene grüne Pflanzenfarbstoff Chlorophyll und der bluteigene Farbstoff Hämoglobin weisen die gleichen blutbildenden Eigenschaften auf. Sie unterscheiden sich lediglich in ihrer chemischen Struktur.
Außerdem kann Eisen- und Magnesiummangel vorgebeugt werden, wenn regelmäßig Blattgrün auf dem Speiseplan steht.

SCHNEEGESTÖBER IN DEN ROTEN BERGEN

(Pikanter Eintopf aus roten Linsen)

Wasser-Yin

100 g rote Linsen
3 Schalotten
2 EL Chiliöl
einige Safranfäden
1 TL dunkle Sojabohnenpaste
1 EL helle Sojabohnenpaste
1 l Gemüsebrühe (siehe Basisrezept Seite 18)
2 EL helle Sojasauce
3 EL Reisessig
Salz
Pfeffer
10 g getrocknete Algen
200 g Seidentofu
2 EL Cashewnüsse
ca. 8 mittelgroße Salbeiblätter

1. Linsen und klein gehackte Schalotten in Chiliöl gut anrösten. Mit Wasser aufgießen und mit den Safranfäden so lange kochen, bis die Linsen weich sind.
2. Sojabohnenpaste in die Gemüsebrühe einrühren, mit Sojasauce, Essig, Salz und Pfeffer abschmecken.
3. Algen in schmale Streifen schneiden und zusammen mit dem ganzen Seidentofu vorsichtig unterheben.
4. Die Suppe auf Schalen verteilen. Cashewnüsse und Salbeiblätter in Sesamöl auf kleiner Flamme vorsichtig anrösten und die Suppe damit garnieren.

Viele Südfrüchte sind thermisch kalt. Durch das Bestreben, im Winter durch den Verzehr von Zitrusfrüchten seinen Vitamin-C-Bedarf zu decken, tut man seinem Körper oft nichts Gutes, da man ihm zusätzlich Kälte zuführt.
Außerdem rauben rohes Obst und Gemüse dem Verdauungssystem sehr viel Energie. Das ist vor allem im Winter ungünstig!
Gekochte Speisen sind generell besser verträglich, man kann sie durch frische Kräuter anreichern.

LEBENSFREUDE

(Kichererbsen-Kurkuma-Suppe mit breiten Reisnudeln)

其乐融融

Wasser-Yang

250 g Kichererbsen
100 g breite Reisnudeln
1 Zwiebel
2 Knoblauchzehen
1 EL Ingwer
1 getrocknete Chilischote
2 EL Sesamöl
½ TL Rosenpaprikapulver
½ TL Kurkuma
½ TL Kreuzkümmel
½ TL Koriandersamen

1 l Gemüsebrühe (siehe Basisrezept Seite 18)
1 EL Tomatenmark
2 Lauchzwiebeln
1 EL schwarzer chinesischer Essig
2 EL dunkle Sojasauce
Salz
etwas weißer Pfeffer
1 TL Sojabohnenpaste
1 Handvoll Walnusshälften
1 Prise Kräutersalz
1 Bund Koriander

1. Die über Nacht eingeweichten Kichererbsen weich kochen.
2. Die Reisnudeln in lauwarmem Wasser 30 Minuten lang einweichen, anschließend in etwas Wasser kurz aufkochen lassen. Abgießen und beiseite stellen.
3. In einem mittelgroßen Topf fein gehackte Zwiebel, Knoblauch, Ingwer und Chilischote in Sesamöl andünsten. Paprikapulver, Kurkuma, Kreuzkümmel und die im Mörser zerstampften Koriandersamen kurz mitrösten.
4. Kichererbsen unter Rühren dazugeben und mit der Gemüsebrühe aufgießen. Tomatenmark in der Suppe auflösen. Einige Minuten lang köcheln lassen.
5. Die in schmale Röllchen geschnittenen Lauchzwiebeln und die gekochten Reisnudeln unterrühren, kurz ziehen lassen. Mit Essig, Sojasauce, Salz, Pfeffer und Sojabohnenpaste abschmecken.
6. Walnüsse mit Kräutersalz gut anrösten und anschließend im Mörser grob zerkleinern. Mit dem gehackten Koriander über die Suppe geben.

Beim Kochen von Hülsenfrüchten empfiehlt es sich, Ingwer, Fenchelsamen oder Kümmel beizugeben. Sie machen Hülsenfrüchte besser verdaulich. Auch sollte man das Einweichwasser nie zum Kochen verwenden. Hier sind alle Stoffe gesammelt, die Blähungen verursachen können.

TAUTROPFEN

(Bohnensuppe mit Sesam)

Wasser-Yang

400 g schwarze Bohnen
1 daumengroßes Stück frischer Ingwer
2 Knoblauchzehen
2 rote Chilischoten
5 große Champignons
2 Lauchzwiebeln
2 TL Sonnenblumenöl
2 ½ EL Sojasoße
1 EL Sesamöl
½ l Gemüsebrühe (siehe Basisrezept Seite 18)

etwas Salz
etwas Pfeffer
1 EL Reiswein
1 EL Tomatenmark
1 Prise Rohrzucker
1 EL schwarzer chinesischer Essig
1 TL Chilipaste (siehe Rezept Seite 17)
1 TL getrocknete Estragonblätter
1 TL getrocknete Thymianblätter
1 EL Sesamsamen

1. Bohnen über Nacht gut mit Wasser bedeckt einweichen. Abgießen und in frischem Wasser nach Packungsangabe weich kochen.
2. Die fertig gekochten Bohnen abgießen, etwa ¼ l des Kochwassers auffangen. Ingwer, Knoblauch und Chilischoten fein hacken, Champignons vierteln. Lauchzwiebeln in schmale Ringe schneiden.
3. Sonnenblumenöl in einem Topf erhitzen. Ingwer und Knoblauch hineingeben und ca. 1 Minute goldgelb braten. Chilischote, Champignons, Lauchzwiebeln und abgetropfte Bohnen zugeben und alles so lange braten, bis die Bohnen leicht runzlig werden.
4. Sojasoße, Sesamöl, das aufgefangene Bohnenwasser und Gemüsebrühe zugeben, mit Salz, frisch gemahlenem Pfeffer, Reiswein, Tomatenmark, Rohrzucker, schwarzem chinesischen Essig und Chilipaste abschmecken. 10 Minuten auf kleiner Flamme ziehen lassen.
5. Estragon und Thymian unter die Bohnen mischen. Die Suppe auf Teller verteilen und etwas Sesam darüberstreuen.

Kälte schwächt die Nieren. Deshalb ist es vor allem im Winter wichtig, diese Organe zu unterstützen. Getrocknete Hülsenfrüchte eignen sich besonders gut für die kalte Jahreszeit, sie stärken den Organismus und regen die Nierenfunktion an.

ELEMENT	YANG (WÄRMEND)
HOLZ 木	Bärlauch Bambussprossen Dinkel Essig Liebstöckel Petersilie
FEUER 火	Basilikum Bohnenkraut Kurkuma Oregano Rosenpaprika Rosmarin Thymianblätter
ERDE 土	Esskastanien Fenchel Lauchzwiebeln Pinienkerne Sonnenblumenöl Süßkartoffeln Walnüsse

NEUTRAL	YIN (KÜHLEND)
	Limette
	Orange
	Sojasprossen
	Sprossen
	Sauerampferblätter
	Tomaten
	Weizennudeln
	Zitronengras
	Zitronenmelisse
Rote Bete	Artischocken
	Buchweizen
	Salbei
Blumenkohl	Apfel
Cashewnüsse	Brokkoli
Shiitakepilze	Champignons
Erdnussbutter	Chinakohl
Erdnüsse	Aubergine
Karotten	Austernpilze
Kartoffeln	Mangold
Kokosmilch	Blattspinat
Kürbis	Estragon
Mais	Maiskeimöl
Rohrzucker	Mangold
Safranfäden	Tofu
Senfkohl	Morcheln
Sesamöl	Nadelpilze
Sesampaste	Pak Choy
	Paprika

ELEMENT	YANG (WÄRMEND)
ERDE 土	
METALL 金	Chilischoten, Chilifäden Gewürznelken Haferflocken Ingwer Knoblauch Koriander Kreuzkümmel Lauch Muskatnuss Pfeffer schwarz/weiß Reiswein Schalotten Schnittlauch Senfkörner Sternanis Zimtrinde Zwiebel
WASSER 水	

NEUTRAL	YIN (KÜHLEND)
	Spargel Spinat Weißkohl Weizenkeimöl Zucchini
Basmatireis Erdnussöl Rundkornreis	Brunnenkresse Minze Sellerie
Bohnen (Aduki oder Kidney-Bohnen) Brennnessel Linsen Sojabohnenpaste schwarz	Algen Salz Sojasauce Wildreis Kichererbsen

DIE IN DEN REZEPTEN ANGEFÜHRTEN LEBENSMITTEL KÖNNEN HIER ONLINE BESTELLT WERDEN:

Asiapoint e.K. - Asia Shop für asiatische Lebensmittel
Schillerstr. 97
45768 Marl
Tel.: +49 (0) 2365 - 518 185
Fax: +49 (0) 2365 - 201 389
service@asiashoponline.de
www.asiashoponline.de
Gutscheincode für 10% Rabatt (je Kunde 1x einlösbar): suppenauschina

Ölmühle Garting
Garting 2
83530 Schnaitsee
Tel.: +49 (0) 8074 - 917 758
Fax: +49 (0) 8074 - 917 757
info@oelmuehle-garting.de
www.oelmuehle-garting.de

DER FOTOGRAF

Jürgen Bubeck studierte Visuelle Kommunikation in Darmstadt und Bielefeld.
Seitdem lebt und arbeitet er als freier Fotograf und Künstler bei Stuttgart.
Beim aktuellen Suppenkochbuch treffen sich zwei seiner Leidenschaften – asiatisch Kochen und ästhetisch fotografierte Stills.

www.juergenbubeck.de